Gut gehalten
Heitere Ermutigungen
für Junggebliebene

Jetzt, da das Alter kommt,
muss ich vom Wein lernen,
mit den Jahren besser zu werden
und vor allem der schrecklichen
Gefahr zu entgehen,
mit dem Alter zu Essig zu werden.

Dom Helder Camara

Gut gehalten

Heitere Ermutigungen
für Junggebliebene

benno

Bibliografische Information der Deutschen Nationalbibliothek
Die Deutsche Nationalbibliothek verzeichnet diese Publikation in der Deutschen Nationalbibliografie; detaillierte bibliografische Daten sind im Internet unter http://dnb.d-nb.de abrufbar.

Besuchen Sie uns im Internet:
www.st-benno.de

Gern informieren wir Sie unverbindlich und aktuell auch in unserem Newsletter zum Verlagsprogramm, zu Neuerscheinungen und Aktionen.
Einfach anmelden unter www.st-benno.de.

ISBN 978-3-7462-4378-8

Umschlaggestaltung: Ulrike Vetter, Leipzig
Umschlagfoto: © Oksana Shufrych/Shutterstock
Gesamtherstellung: Kontext, Lemsel (B)

Inhalt

Bleib im Herzen jung

Jung sein!

Jung ist, wer noch staunen und sich begeistern kann.
Wer noch wie ein unersättliches Kind fragt: „Und dann?"
Wer die Ereignisse des Lebens herausfordert
und sich freut am Spiel des Lebens.

Ihr seid so jung wie euer Glaube.
So alt wie eure Zweifel.
So jung wie euer Selbstvertrauen.
So jung wie eure Hoffnung.
So alt wie eure Niedergeschlagenheit.

Ihr werdet jung bleiben,
solange ihr aufnahmebereit bleibt:
empfänglich für das Schöne,
das Gute, das Große,
empfänglich für die Botschaften der Natur,
der Mitmenschen, des Unfasslichen.

Sollte eines Tages euer Herz
geätzt werden vom Pessimismus,
zernagt vom Zynismus,
dann möge Gott Erbarmen haben
mit eurer Seele – der Seele eines Greises.

Marc Aurel

Lebensfreude

Ein fröhliches Herz
lebt am längsten.

William Shakespeare

Alt werden, das ist Gottes Gunst.
Jung bleiben, das ist Lebenskunst.

Aus Deutschland

Wünsche erfüllen

Ich werde oft gefragt, was ich so den ganzen Tag über mache. Am liebsten würde ich sagen: „Der Tag reicht mir nicht." Aber ich möchte die Menschen nicht kränken. Leider haben viele in den späten Jahren einen gewissen Leerlauf. Das finde ich sehr bedauerlich; denn wenn man einigermaßen gesund geblieben ist, wenn das Gehirn noch funktioniert, dann gibt es doch so wunderbare Sachen im Alter. Jeder hat so seine Wünsche, die bis jetzt noch nicht erfüllt worden sind. Darum sich kümmern und sich weiterbilden, damit man nicht stehen bleibt ...

Aus einem Interview mit Heinz Rühmann

In den besten Jahren

Gott ist ungalant.
Er hat alle Falten im Gesicht konzentriert,
obwohl doch anderswo genug Platz wäre.

Jeanne Moreau

Wenn man sich zu alt für eine Sache fühlt,
sollte man sie erst recht probieren.

Pablo Picasso

Man ist in den besten Jahren,
wenn man die guten hinter sich hat.

André Maurois

Eigentlich ...

Mögen meine Augen auch nicht mehr alles sehen,
mein Herz ist aufmerksam wie immer.

Mögen meine Ohren auch nicht mehr alles hören,
mein Herz erfasst alles sehr wohl.

Mögen mich meine Beine auch nicht mehr überallhin tragen,
mein Herz ist in Gedanken dabei.

Mag mein Gesicht auch nicht mehr fein und glatt sein,
mein Herz ist immer noch wunderschön.

Eigentlich
bin ich nur außen alt –
im Herzen jedoch
fühle ich mich wunderbar jung
wie eh und je.

Ingrid Huber

Die Vorzüge des Alters

Was die Zeit dem Menschen
an Haar entzieht,
das ersetzt sie ihm an Weisheit.

William Shakespeare

Jugend ist, nach allem, nur ein Moment,
aber es ist der Moment, der Funke,
den du immer in deinem Herzen trägst.

Raissa Gorbatschowa

Lernfähig

Als Zeitungsredakteur erhielt Mark Twain einmal einen Brief von einem Jugendlichen, in dem Folgendes stand: „Ich verstehe mich nicht mehr mit meinem Vater. Er ist rückständig und hat keinen Sinn für Modernes. Was soll ich tun?“

Darauf antwortete ihm Mark Twain:
„Ich verstehe Sie gut. Als ich so alt war wie Sie, war mein Vater genauso ungebildet. Sie müssen Geduld haben mit den alten Leuten, da sie sich langsamer entwickeln. Als ich selbst ein paar Jahre älter war, bemerkte ich, dass mein Vater bereits so viel dazugelernt hatte, dass man sich schon ganz vernünftig mit ihm unterhalten konnte. Heute frage ich meinen Vater sogar, wenn ich einen Rat brauche. Es ist schon erstaunlich, was mein alter Herr in der Zwischenzeit alles dazugelernt hat!“

Veränderung

Ich mag die Träume von der Zukunft
lieber als die ganze Geschichte
der Vergangenheit.

Thomas Jefferson

Bin ich denn darum achtzig Jahre alt geworden, dass ich immer dasselbe denken soll? Ich strebe vielmehr, täglich etwas anderes, Neues zu denken, um nicht langweilig zu werden. Man muss sich immerfort verändern, erneuern, verjüngen, um nicht zu verstocken.

Johann Wolfgang von Goethe

Freu dich des Lebens

Ich bin so knallvergnügt erwacht

Ich bin so knallvergnügt erwacht.
Ich klatsche meine Hüften.
Das Wasser lockt. Die Seife lacht.
Es dürstet mich nach Lüften.

Ein schmuckes Laken macht einen Knicks
und gratuliert mir zum Baden.
Zwei schwarze Schuhe in blankem Wichs
betiteln mich „Euer Gnaden".

Aus meiner tiefsten Seele zieht
mit Nasenflügelbeben
ein ungeheurer Appetit
nach Frühstück und nach Leben.

Joachim Ringelnatz

Es war ein solcher Vormittag

Es war ein solcher Vormittag,
wo man die Fische singen hörte;
kein Lüftchen lief,
kein Stimmchen störte,
kein Wellchen wölbte sich zum Schlag.

Nur sie, die Fische, brachen leis
der weit und breiten Stille Siegel
und sangen millionenweis
dicht unter dem durchsonnten Spiegel.

Christian Morgenstern

Sie sollten tanzen, tanzen sollten sie!

Der alte Pater Tom zog wahrlich oft gegen seine Gemeinde vom Leder. Schimpf und Schande wetterte er bei der Zwölf-Uhr-Messe von der Kanzel herunter, und sein graues, volles, faltiges Gesicht und die scharfen blauen Augen blickten so schrecklich drein wie das Jüngste Gericht. Während seiner Studienzeit soll er alle Preise für Beredsamkeit erwischt haben, hieß es; aber auf seine alten Tage gelang ihm das Schimpfen am besten, und er war erst richtig auf der Höhe, wenn er bei der Tanzerei angelangt war und wie das der Fluch und Untergang der ganzen Gegend sei. Und voller Stolz erzählte man sich's, dass er jeden Sonntag in großer Fahrt sei, woraus man ersehen kann, dass jede Sonntagspredigt mit einer Anspielung aufs Tanzen endete. Mochte er nun mit einer Bitte um Unterstützung für die neue Schule beginnen oder gar mit der Aufforderung, den Friedhof besser in Ordnung zu halten, auf dem doch keiner mehr ein Bein rührt, wie jeder nüchterne Mensch weiß – zu guter Letzt steuerte er jedes Mal mit der gleichen unfehlbaren Sicherheit, mit der die über der Sakristeitür hängende Großvateruhr feierlich durch die von seinen eindringlichen Worten erheischte Stille tickte, auf sein Lieblingsthema los.

Ja, seine Worte hielten die Gemeinde in Bann. Die Leute von Ballybrodar, einem baumlosen, kargen Landstrich, den man dem lieblichen Süd-Kilkenny gar nicht zugetraut hätte, lauschten mit einer gewissen Befriedigung der beredten Strafpredigt, die wohl dem Nachbarkirchspiel gebührt hätte, doch nie diesen schwer arbeitenden, melancholischen Gestalten. Um ihren Gemeindepfarrer und seine Zwölf-Uhr-Messe zu hören, strömten sie zu Fuß und zu Wagen von all den verstreuten Farmen her.

Doch eines schönen Sonntagmorgens wurde Pater Tom an sich selbst zum Verräter und stellte alles bisher Gesagte auf den Kopf.

Wie immer tastete er sich mit der übergroßen Vorsicht der Kurzsichtigen die Altarstufen hinunter, nahm dem Messdiener das Buch ab, aus dem er Feste und Fasten vorlas, richtete sich hoch auf und ließ seine Blicke über die Leute gleiten, als suche er ein Gesicht oder vielleicht auch den richtigen, gewichtigen Anfang. Bis hierhin war es verlaufen wie sonst auch. Doch nun zögerte er, und so lange hatte er noch nie gezögert. Dann begann er ganz sanft und so wie ein Fremder, der ein paar schüchternen Kindern gut zuredet. Er begann ohne eine Spur seines berühmten flüssigen Rednerstils.

„Warum", fragte er, „o warum sitzt ihr alle da und macht saure Gesichter?" Er lächelte. „Sauertöpfische Gesichter von lauter armen Jammerlappen, die nie einen guten Tag in ihrem Leben gesehen haben? Erzählt mir doch, habt ihr alle euer Geld verloren? Nein? Habt ihr Bankrott gemacht, oder ist euch euer Land gekündigt worden? Oder das Vieh mit Krankheit geschlagen? Oder was fehlt euch? Vielleicht ist euch das alles widerfahren? Wahrhaftig, es konnte – Gott steh uns bei – tatsächlich passiert sein, und keiner hat's dem Pfarrer erzählt. Ich habe wenigstens nichts gehört. Sind euch allen die Frauen und Töch-

ter und Söhne und Väter davongelaufen? Aber dann würdet ihr ja nicht hier vor mir sitzen!"
Die Leute hatten sich mittlerweile bolzengerade hingesetzt und wagten nicht, sich zu rühren oder dem Nachbarn einen Seitenblick zuzuwerfen, der ihnen bestätigt hatte, dass sie recht hörten. Die abgebrühten Nachzügler, die sich gewöhnlich, die Mütze unterm Knie, in der Nähe des Portals herumdrückten, drängten sich nach vorne vor. Nein, heute harfte Pater Tom bestimmt nicht auf der alten Leier herum. Aber was sagte er denn überhaupt?
„Da seht", sagte er und deutete mit der rechten Hand in die Höhe, „seht den Sonnenschein, der durch die Fenster hereinströmt! Was mag das sein? Wer kann je sagen, was es sein mag, was da in Fülle niederströmt in goldnen Schauern? Und Stäubchen wie aus Gold, die sich im Tanze drehn und heben? Da seht! Die Engel tanzen vor den Strahlenaugen Gottes!"
Er fuhr mit den Händen durch die Luft, was ein weiteres Zeichen der Erregung war, die sein graues Gesicht und sein grausträhniges Haar verwandelt hatte, sodass sie sonnendurchglüht schienen wie die kahlen, weißen Wände und die warmen, rotsamtenen Altarstufen. „Wer kann genug lobpreisen und frohlocken? Die Heiligen frohlocken! Mit Gesang und Musik und Hymnen! Und uns zu Häupten der blaue Himmel, und die Felder ..."
Es ist gar nicht so einfach, jemandem einen richtigen Begriff von der Predigt zu geben, die an jenem Sonntagmorgen in Ballybrodar gehalten wurde. Pater Tom fuhr fort, scheinbar unter dem Feuer des Augenblicks, einen Lobgesang zu Ehren Gottes anzustimmen, und er arbeitete sich verzweifelt durch zusammenhanglose

Sätze und ließ poetische Blitze vom Stapel, bis die Begeisterung in seinem alten Körper verebbte und seine Hände sich friedlich in das steifbestickte Messgewand verkrochen. Zum Schluss flüsterte er nur noch, als ob er sich fürchte; doch ehe er bei diesem geflüsterten Schluss anlangte, hatte er den Leuten gesagt, dass sie zum Dank für die herrlichen Dinge, die niemand richtig zu beachten schien, singen und tanzen sollten. Sie sollten tanzen, tanzen sollten sie!

Es war eine merkwürdige Predigt und für Pater Toms Verhältnisse eine kurze Predigt. Er selbst erwähnte sie später nie mehr; aber trotz aller Verschwiegenheit und längst erlernten Schlauheit verriet er sich oft wie ein argloses Kind in Aussprüchen, die ihm so nebenbei entschlüpften. Dabei ist zu bedenken, dass er selten viel mit jemandem spricht, bestimmt aber weder mit dem Vikar, der ein sehr geschäftiger Mann ist, noch mit Alice.

Alice ist die Haushälterin. Sie ist von der Sorte, die vor Bettler oder Bischof gleich widerstrebend die Haustür einer Pfarre nur um sechs Zoll öffnet, streitbar nach draußen späht und auf das erste Wort wartet. Mit Alice kann man nicht sprechen, nur streiten. Natürlich hält sie das Haus in tadelloser Ordnung, und irgendwie gelingt's ihr, jedes Zimmer in einem gruftartigen Halblicht zu lassen, in jenem schwachen Düster, in dem ein Lachen unehrerbietig erscheinen würde. Seit Menschengedenken hatte sie sich nie Ferien genommen – mit Ausnahme von einem einzigen Mal.

Und diese Ferien sollten bedeutungsvoll werden.

Eine ihrer verheirateten Schwestern, die in einer andern Pfarrgemeinde in der Nähe der Stadt Kilkenny lebte, erkrankte plötzlich, und Alice erhielt einen Brief und wurde gebeten zu kommen und ein Weilchen der Schwester den Haushalt zu führen; denn ihr Schwager hielt sie für eine sehr zuverlässige Person, was sie auch war. Jedoch genügte die bloße Bitte ihrer Verwandten nicht, erst musste noch der Priester, Pater Tom, selbst mit ihr poltern und schelten, damit sie ging. Unter Protest fuhr sie im Wagen des Vikars davon. Wie sollte Pater Tom auch nur einen Tag ohne sie bestehen? Und wer würde achtgeben, dass Pater Tom gegen Abend seinen Bratapfel erhielt? Und wer würde nach dem Feuer in der Bibliothek sehen, wo er abends bei heruntergelassenen Jalousien und zugezogenen Vorhängen gern ganz allein ein stilles Pfeifchen zu rauchen liebte? Immerhin, Alice reiste ab. Ihre Vertretung, eine Frau aus dem Dorfe, sollte am Nachmittag erscheinen.

Es war ein junges Ding von Mädchen, mit blondem Haar, tiefen, dunklen Augen und einem dünnen, geraden Körper.

„Wer hat dich hergeschickt, Mädchen?", brummte Pater Tom. „Du bist doch weder die Frau, die kommen sollte, noch überhaupt eine Frau!"

„Nein, Pater Tom."

„Du bist ja das reinste Kind!"

„Ja, Pater Tom."

„Schau dir doch mal deine mageren Hände an! Wie willst du denn mit der Arbeit in diesem Riesenhaus fertig werden? Kannst du überhaupt arbeiten, Kind?"

„Ja, Pater Tom."

„Warum ist denn deine Mutter nicht gekommen? Das war doch wohl deine Mutter, die versprochen hatte herzukommen, nicht wahr? Das ist mir eine schöne Art, nicht sein Versprechen zu halten!"

„Ja, Vater. Aber sie hat ihre Kopfwehtage."
„Kopfwehtage!"
„Sie kommt morgen früh, sagt sie, und sie sagt auch, Vater, sie sagt ..."
„Sie sagt, sie sagt ... Nun hör' mal zu, mein Kind! Wenn du heute Abend hier alles fertig hast, gehst du heim zu deiner Mutter – wie heißt du doch gleich?"
„Philomena, Vater."
„Das ist ein schöner Name! Weißt du auch, wer Philomena war? – Nun gut, geh zu deiner Mutter und sage ihr, morgen ganz früh erwarte ich sie hier. Du wirst ihr das ausrichten, hörst du, Philomena?"
„Ja, Vater."
„So, und jetzt troll dich, und sei nicht so ein scheues kleines Kaninchen!"
Dann schickte er sich zu seinem Abendspaziergang an, warf ihr noch einen letzten scharfen Blick über die Schulter zu, wahrscheinlich, um sich ihr hübsches, schmales Gesichtchen einzuprägen, und ließ sie ziemlich eingeschüchtert stehen, wie man sich wohl denken kann. Beim Abendbrot hatte sie offenbar wiederum Angst, diesmal jedoch schon etwas weniger, da sie sich allmählich an seine Art gewöhnte; denn er fragte lächelnd: „Wo kommen denn die wunderschönen Blumen her, Philomena?" Auf dem Esstisch stand nämlich eine Vase mit Blumen – ein heiterer Klang, der fast befremdend wirkte.
„Aus dem Garten, Vater."
„Aus welchem Garten, Kind?"
„Aus Ihrem Garten, Vater. Ich hätt's nicht tun sollen, Verzeihung, Vater!"
„Aus meinem Garten? I, das ist ja geradezu herrlich! Nach dem Essen will ich ihn mir doch gleich mal anschauen."

Er ging in den Garten und wanderte den schmalen Aschenpfad auf und ab, in den Händen sein Brevier, und die letzten Sonnenstrahlen wärmten die Rückseite des Hauses. Und dann hörte er das Mädchen singen.
Ihre Stimme war anscheinend nicht schlecht; aber das Lied war ein altes Schmachtstück, das sie im Radio gehört haben musste. Pater Tom fand es jedenfalls scheußlich, nicht etwa, weil sein Geschmack in musikalischen Fragen so verfeinert gewesen wäre, sondern weil er es unschicklich fand, dass die Bedienerin eines Gemeindepfarrers ein Liebeslied sang. Und tatsächlich war ja auch das Radio, das im Esszimmer stand, ein ewiger Zankapfel zwischen dem Vikar, dem es gehörte, und Pater Tom, der es nicht hören wollte; denn die Musik, die dem Radio entquoll, schätzte er nicht. Er klopfte also ans Küchenfenster und befahl Philomena, sofort aufzuhören und lieber daran zu denken, wo sie wäre, und sie sollte das Feuer in der Bibliothek anzünden.
„'s brennt schon!", antwortete sie flink. „Oh, du bist mir aber eine Fixe!"
Die flinke, muntere Antwort – Alice würde nur unfreundlich gebrummt haben – machte ihm Spaß, und seine Freude wuchs noch, als er ihr strahlendfrohes Gesicht sah. Ich könnte darauf schwören, dass des Kindes Gesicht, während er sein Brevier zu Ende las, durch die lateinischen Sätze geisterte; und dass er im Stillen lächeln musste. Schließlich begab er sich in die Bibliothek, zu seiner Pfeife und dem allabendlichen Nickerchen über einem Buch.
Das Mädchen schürte das Feuer. In der Bibliothek sah es wie früher Morgen aus. Es dauerte einige Minuten, bis er bemerkte, dass auch hier Blumen standen.

„Du bist ein rühriges Mädchen, Philomena", sagte er, „ein sehr rühriges kleines Mädchen."
„Ach nein, Vater!"
„Doch, das bist du! Du stellst mir das ganze Haus auf den Kopf! Sieh dir mal die Vorhänge an! Nein, ich bin dir nicht böse, Philomena. Nur das Liedchen, das musste ich dir verbieten. Nun sei ein gutes Kind und zieh die Vorhänge zu!"
„Aber es ist ja noch so schön hell draußen, Vater!"
„'s ist wahr! Tatsächlich, Kind, 's ist wahr! Bist ein gutes Mädchen!"
Man kann sich wohl vorstellen, wie ihr Gesicht zu leuchten begann.
Er setzte sich vors Feuer, zog die Stiefel aus und die Hausschuhe an und wärmte sich seine alten Knochen, die selbst im Sommer die Kälte spürten, zündete die Pfeife an und gedachte, das heitere Spiel von grauem Zwielicht und hellem Flammenschein zu genießen. Er hatte gern Stille um sich her, bevor er seinen Geist auf die nächste Predigt richtete, denn so viel vom Künstler steckte doch in ihm. Aber er musste eingenickt sein oder jedenfalls war er dicht davor; denn allmählich, während ihm die Pfeife in der Hand erkaltete, wurde er der Musik inne, die irgendwo sehr leise gespielt wurde und sich vom Esszimmer über den Vorflur und durch die halb offene Tür der Bibliothek stahl. Einen Augenblick überlegte er – und biss dabei ärgerlich auf den Pfeifenstiel –, ob etwa der Vikar sich am Radio zu schaffen mache; doch dann fiel ihm ein, dass er ja von der Fahrt mit Alice noch gar nicht zurück sein könne. Er lauschte und hörte, wie die Bestecke für das Frühstück am andern Morgen klingelnd auf den Esstisch gelegt wurden. Da stieß er einen

tiefen Seufzer aus, legte die Pfeife hin und erhob sich, um Philomena einen zweiten Verweis zu erteilen. Auf Zehenspitzen ging er in den Vorflur.
Die Esszimmertür stand weit auf. Das stille Zimmer lag im warmen Licht der Tischlampe. Philomena hatte ihm den Rücken zugewandt. Sie stand vor der Anrichte, Bündel von Löffeln und Messern in jeder hoch erhobenen Hand, drehte sich in den Schultern, und die Füße strichen im Takt mit der Musik leise über den Boden.
Staunend stand er da, sah die sich wiegenden Schultern, die gleitenden Füße, das Biegen der Arme und lauschte der Musik, die den Raum so behutsam durchtränkte wie das gelbe Licht der Petroleumlampe. Es war ihm ein völliges Rätsel: das Mädchen hier in dem leeren Zimmer, wie sie sich sanft hin und her bewegte und die Arme hob im Einklang mit einer starken, berauschenden, nur von ihr selbst vernommenen Musik, die das armselige Radiogetön in ihrer Seele angefacht zu haben schien.
Draußen vor den Fenstern ragte die Kirche düster zwischen Ulmen und spärlich erhellten Dorffenstern auf. Meilenweit dehnten sich Felder und Heideland, in denen ein paar Bauernhütten verloren im wachsenden Dunkel standen, und darüber ein einsamer Vogel, der irgendwo in der Ferne wehklagte wie ein kleines Kind. Und hier war dies Mädchen, mutterseelenallein, und tanzte nach ihres Herzens Freude. Ich kann mir gut vorstellen, wie Pater Toms Herz da auch einen wilden Freudensprung tat.
Nein, mit Worten hat er's nie gesagt, aber immerhin, so hätte er's wohl ausgedrückt.
Die Musik endete, und das Mädchen ließ die Arme sinken, drehte sich um und stieß einen kleinen Schrei aus.

„Kind, könntest du mir eine Schachtel Streichhölzer holen? Ich möchte mir die Pfeife anzünden."
Er gelangte wieder in seinen Stuhl vor dem Kamin, zurück zu seiner Pfeife und dem nicht aufgeschlagenen Buch, jedoch nicht zurück zu der gewohnten, gemächlichen Besinnung. Nein, das gewiss nicht. Sein Geist raste verwirrt umher, hielt inne und raste weiter und ging über in ein ruhiges Kreisen, voller Würde, wie etwa ein Baum im Wind.
Und am Sonntag stand er dann vor seiner Gemeinde und hielt die einzige seltsame Predigt seines Lebens.
„Wer kann je sagen, was es sein mag, was da in Fülle niederströmt und goldnen Schauern? Und Stäubchen wie aus Gold, die sich im Tanze drehn und heben? Da seht! Die Engel tanzen ..."

Francis MacManus

Bleib gelassen und unverzagt

Fröhliche Zuversicht

Nun ist die Blütenzeit vorbei,
Die grüne Wiese gilbt sich schon.
Vergangen ist der Mai.

Im Busch ein kleiner Vogel singt
Ein lautes Lied vom Glück, vom Glück,
Das nun der Sommer bringt:

Die Blütenfrucht, die junge Brut,
Das stille Reifen überall,
Des Segens schwere Flut.

Vom Nachbarbusch antwortet fein
Das Weibchen seinem Glücksgesang;
Nun singen sie zu zwein.

Zu zwein, zu zwein! Das war im Mai,
Da mir das Glück zu zwein beschert.
Schnell ging das Glück vorbei.

Es schwand im Blütenüberschwang,
Es hallte leise, leise aus,
Wie ferner Mädchensang.

In meinem Herzen lind und warm
Verglimmt's wie Abendsonnenschein;
Mein Herz ist ohne Harm.

Mit Lachen flog mir fort das Glück,
Ich aber weiß: Im nächsten Mai
Kehrt's lachend mir zurück.

Otto Julius Bierbaum

Langsamer geht's schneller

Ein Fußgänger auf der Basler Straße drehte sich um und sah einen wohlbeladenen Wagen schnell hinter sich hereilen. Der muss Eile haben, dachte er.
„Kann ich vor Torschluss noch die Stadt erreichen?", fragte der Fuhrmann.
„Wenn du gemäßigter fahren würdest", war die Antwort.
„Wie weit ist's noch?"
„Noch zwei Stunden." – Ei, dachte der Fuhrmann, das ist simpel geantwortet. Er ist ein Spaßvogel. Wenn ich mit Langsamkeit in zwei Stunden hineinkomme, so schaffe ich's mit Geschwindigkeit in anderthalb. Also trieb er die Pferde an, dass die Steine davonflogen. Aber bald brach die hintere Achse und der Fuhrmann musste im nächsten Dorf über Nacht bleiben.
Als aber der Fußgänger nach einer Stunde durch das Dorf ging und ihn vor der Schmiede erblickte, meinte er lächelnd:
„Hab' ich Euch nicht gesagt: Wenn Ihr gemäßigter fahrt! Eilen tut nimmer gut."

Johann Peter Hebel

Nimm's gelassen

Nächste Woche kann keine Krise sein.
Mein Terminkalender ist voll.

Henry Kissinger

Es wäre dumm,
sich über die Welt zu ärgern,
sie kümmert sich nicht darum.

Marc Aurel

Optimismus

Es müsste Zeitungen geben,
die immer das mitteilen,
was nicht ist:
Keine Cholera!
Kein Krieg!
Keine Revolution!
Keine Missernte!
Die tägliche Freude
über die Abwesenheit
großer Übel
würde zweifellos
die Menschen
fröhlicher machen.

Christian Morgenstern

Der Duft der großen weiten Welt

Ich saß und kramte in alten Papieren. Ich tat es aus Protest oder Resignation, vielleicht suchte ich auch etwas Bestimmtes, einen vergilbten Zettel etwa – ja, so wird es gewesen sein. Ich hatte keineswegs vor, die Fächer meines Schreibtisches auszuleeren und, obwohl dies sehr nötig gewesen wäre, Ordnung in den Wust der Erinnerungsstücke zu bringen. Ich war, wie gesagt, gereizt und müde; eine Art melancholischen Ärgers, wenn es so etwas gibt.

Musste ich unbedingt aufstehen und ohne ein Wort mich in meine vier Wände verkriechen? Man hatte es doch gut gemeint, als man mich aufforderte, ein Stündchen herüberzukommen und im Kreis der Familie zu sitzen. Man wusste, dass ich allein bin. Man machte einen Versuch, mich aufzumuntern; eigentlich hätte ich dankbar sein müssen.

Stattdessen verließ ich stumm das Zimmer, als hätte man mich gekränkt. Und das Lächerlichste daran: Niemand wusste den Grund, kaum ich selber. Hätte ich zu erklären versucht, was in mir vorging, als ich das Bild sah, ich wäre ins Stocken geraten und hätte Kopfschütteln verursacht, mit Recht, wie ich zugebe. Aber es gibt Anlässe, deren Geringfügigkeit in keinem Verhältnis zu dem steht, was sie auslösen. Ich bin wohl überhaupt empfindlich geworden, seit ich meist allein sitze. Man

weiß das. Man schwieg, als ich mich der allgemeinen Geneigtheit entzog, fast wie ein trotziges Kind. Schade.
Dabei war dies erst das Vorprogramm. Man hatte mir einen bequemen Stuhl hingerückt, ohne Fernsehen geht es ja nirgends. Aber ich war nicht deswegen verstimmt, weil ich mich auf ein Gespräch gefreut hatte, nein, ich sehe Bilder ganz gern, und die Leute, die mich einluden, sind mir sympathisch. Sie waren offensichtlich gespannt auf das, was sie zu sehen bekommen würden, und dass ich es mitsah, freute sie. Doch so weit kam es gar nicht. Es gibt ja nebenbei auch diese Sendungen, in denen man Reklame macht. Sie sind meist ganz lustig anzusehen, und ich begriff erst ziemlich spät, dass es sich um Derartiges handelte.
Ein Schiff war zu sehen, ein großes, prächtig herausgeputztes Schiff, mit Wimpeln und winkenden Passagieren. Die Bordkapelle spielte, der Kapitän wurde gezeigt, wie er lächelnd den Kommandostand betrat und das Zeichen zur Abfahrt gab. Dann wieder winkende Passagiere, von Möwen umflattert, angestrahlt von einer feurigen Vormittagssonne. Und dann eine Großaufnahme: zwei Passagiere, von denen der eine dem anderen eine Zigarette anbot. Gleichzeitig verwandelten sich die Strahlen der Sonne in feurige Schrift, ich las den Namen der Firma und die sechs Wörter, die mir durchaus nicht unbekannt waren: „Der Duft der großen weiten Welt" – einfache, sympathische Wörter.
Ich glaube, man nennt so etwas einen Slogan, eine Wortfolge, die oft in ähnlichem Zusammenhang wiederholt wird, weil sie sich einprägen soll. Doch ich stand auf, ging hinaus, setzte mich an meinen Schreibtisch und begann zu kramen. Dumm, nicht wahr? Außerdem un-

höflich. Aber wie soll ich erklären, was beim Anblick des herrlichen, startbereiten Schiffes in mir vorging? Es ist ja tatsächlich die Sehnsucht meines Lebens gewesen, einmal Passagier auf einem solchen Schiff zu sein, hinauszufahren ins Unbegrenzte, den Duft der großen weiten Welt zu atmen. Das braucht man gar nicht wörtlich zu nehmen. Es muss nicht ein Schiff sein, kein überseeischer Kontinent, nicht mal eine fremde Sprache. Aber das andere, das Ungewohnte will doch jeder gern.

Das Große im Leben, das Wunder, die Überraschung, die Aufgabe, um die es sich lohnt, die Ausfahrt ins Neue, in eine schönere und weiträumigere Dimension. Stattdessen, wie bringen wir unsere Tage zu? Was bleibt, wenn wir die Jahre und Taten zusammenzählen? Enge. Kleinliche Sorgen und ebenso kleinliche Freuden. Zwang zu etwas, das wir nicht wollen. Rückschläge. Getäuschte Hoffnung. Fron des Alltags. Und das Schiff, das uns hinaustragen sollte, das unseren Missmut verwandeln könnte in Dankbarkeit, wann kommt es?

Oh, ich hatte es gesehen, das Schiff, doch es war wieder ohne mich davongefahren, wie so oft. Und nun saß ich allein und kramte. Wollte ich die gereizte Stimmung überspielen? Mich verstecken vor mir selber? Oder suchte ich etwas? Einen Zettel vielleicht, den ich vor Jahren in eines meiner vielen Notizbücher gesteckt hatte? Ich entsann mich, es war ein Wort des alten Tersteegen gewesen, jenes Mannes, der, Leineweber von Beruf, gewiss wusste, was Dürftigkeit und enge Verhältnisse bedeuteten. Er hat trotz allem ein paar großartige Lieder ins Gesangbuch geschrieben, gar nicht missmutig, auch nicht enttäuscht, im Gegenteil, sie klangen, als wäre er, obwohl er seinen Ort kaum verließ, dennoch mit dem großen Schiff gefahren – ein merkwürdiges Geheimnis. Und der Zettel, den ich suchte, war der nicht womöglich der Schlüssel dazu? Ein Glück, dass ich ihn zuletzt noch fand.

„Von außen eng, nach innen weit, ist meine alte Regel" – so stand darauf geschrieben. Nicht schlecht. Ein Slogan, mit dem man ebenfalls Reklame machen könnte. Und vielleicht, so dachte ich, wäre auch der Duft der großen weiten Welt nicht anders zu haben, als dass man bei Tersteegen anfing: „Von außen eng, nach innen weit"? Denn – und das war das Letzte, das ich dachte, bevor ich wieder hinüberging zu denen, die mich eingeladen hatten – wer nicht „innen weit" sein kann, was nutzt ihm das Schiff, das ihn nach außen entführt?

Rudolf Otto Wiemer

Hab Sonne im Herzen

Hab Sonne im Herzen,
ob's stürmt oder schneit,
ob der Himmel voll Wolken,
die Erde voll Streit!
Hab Sonne im Herzen,
dann komme, was mag!
Das leuchtet voll Licht dir
den dunkelsten Tag!

Hab ein Lied auf den Lippen,
mit fröhlichem Klang,
und macht auch des Alltags
Gedränge dich bang!
Hab ein Lied auf den Lippen,
dann komme, was mag!
Das hilft dir verwinden
den einsamsten Tag!

Hab ein Wort auch für andre
in Sorg und in Pein
und sag, was dich selber
so frohgemut lässt sein:
Hab ein Lied auf den Lippen,
verlier nie den Mut,
hab Sonne im Herzen,
und alles wird gut!

Cäsar Flaischlen

Immer heiter

Scheint dir das Leben
auch mal rau,
bleib still,
verzage nicht.
Die Zeit,
die alte Bügelfrau,
macht alles
wieder schlicht.

Johann Wolfgang von Goethe

Mach es wie die Sonnenuhr,
zähl die heitren Stunden nur.

Volksmund

Sorglos

Ein glücklicher Mensch
ist zu zufrieden mit der Gegenwart,
um sich viele Gedanken
über die Zukunft zu machen.

Albert Einstein

Du bist so jung
wie deine Zuversicht.

Albert Schweitzer

Gebet

O Herr, bewahre mich vor der Einbildung,
bei jeder Gelegenheit etwas sagen zu müssen.

Erlöse mich von der großen Leidenschaft,
die Angelegenheiten anderer ordnen zu wollen.

Lehre mich, nachdenklich – aber nicht grüblerisch
– und hilfreich – aber nicht diktatorisch – zu sein.

Bei meiner großen Ansammlung von Erfahrungen
scheint es mir ja schade, sie nicht weiterzugeben,
aber du verstehst, o Herr,
dass ich mir ein paar Freunde erhalten möchte.

Bewahre mich vor der endlosen Aufzählung
endloser Einzelheiten
und verleihe mir Schwingen,
zur Pointe zu kommen.

Lehre mich schweigen über meine
Krankheiten und Beschwerden.
Sie nehmen zu – und die Lust, sie zu beschreiben,
wächst von Jahr zu Jahr.

Ich wage nicht, die Gabe zu erflehen,
mir Krankheitsschilderungen anderer mit Freude
anzuhören,
aber lehre mich, sie geduldig zu ertragen.

Lehre mich die wunderbare Weisheit,
dass ich mich irren kann.

Erhalte mich so liebenswert wie möglich.
Ich möchte kein Heiliger sein –
mit ihnen lebt es sich so schwer –,
aber ein alter Griesgram ist das Krönungswerk
des Teufels.

Lehre mich, an anderen Menschen
unerwartete Talente zu entdecken,
und verleihe mir, o Herr, die schöne Gabe,
sie auch zu erwähnen und anzuerkennen.

Teresa von Ávila

Nimm dir heute sorgenfrei

Die Zeit geht nicht

Die Zeit geht nicht, sie stehet still,
Wir ziehen durch sie hin;
Sie ist ein' Karavanserai,
Wir sind die Pilger drin.

Ein Etwas, form- und farbenlos,
Das nur Gestalt gewinnt,
Wo ihr drin auf und nieder taucht,
Bis wieder ihr zerrinnt.

Es blitzt ein Tropfen Morgentau
Im Strahl des Sonnenlichts;
Ein Tag kann eine Perle sein
Und ein Jahrhundert nichts.

Gottfried Keller

Die fünfte Jahreszeit

„Die schönste Zeit im Jahr, im Leben, im Jahr? Lassen Sie mich nachfühlen.
Frühling? Dieser lange, etwas bleichsüchtige Lümmel, mit einem Blütenkranz auf dem Kopf, da stakt er über die begrünten Hügel, einen gelben Stecken hat er in der Hand, präraffaelitisch und wie aus der Fürsorge entlaufen; alles ist hellblau und laut, die Spatzen fiepen und sielen sich in blauen Lachen, die Knospen knospen mit einem kleinen Knall, grüne Blättchen stecken fürwitzig ihre Köpfchen ... ä, pfui Deibel! ... die Erde sieht aus wie unrasiert, der Regen regnet jeglichen Tag und tut sich noch was darauf zugute: Ich bin so nötig für das Wachstum, regnet er. Der Frühling –?
Sommer? Wie eine trächtige Kuh liegt das Land, die Felder haben zu tun, die Engerlinge auch, die Stare auch; die Vogelscheuchen scheuchen, dass die ältesten Vögel nicht aus dem Lachen herauskommen, die Ochsen schwitzen, die Dampfpflüge machen Muh, eine ungeheure Tätigkeit hat rings sich aufgetan; nachts, wenn die Nebel steigen, wirtschaftet es noch im Bauch der Erde, das ganze Land dampft vor Arbeit, es wächst, begattet sich, jungt, Säfte steigen auf und ab, die Stuten brüllen, Kühe sitzen auf ihren Eiern, die Enten bringen lebendige Junge zur Welt: kleine, piepsende Wolleballen, der Hahn – der Hahn, das Aas, ist so recht das Symbol des Sommers! Er preist sei-

nen Tritt an, das göttliche Elixier, er ist das Zeichen der Fruchtbarkeit, hast du das gesehen, und macht demgemäß einen mordsmäßigen Krach ... der Sommer –?

Herbst? Mürrisch zieht sich die Haut der Erde zusammen, dünne Schleier legt sich die Fröstelnde über, Regenschauer fegt über die Felder und peitscht die entfleischten Baumstümpfe, die ihre hölzernen Schwurfinger zum Offenbarungseid in die Luft strecken: Hier ist nichts mehr zu holen ... und der Wind verklagt die Erde, und klagend heult er um die Ecken, in enge Nasengänge wühlt er sich ein, huuh macht er in den Stirnhöhlen, denn der Wind bekommt Prozente von den Nasendoktoren ... hochauf spritzt brauner Straßenmodder ... die Sonne ist zur Kur in Abazzia ... der Herbst –?

Und Winter? Es wird eine Art Schnee geliefert, der sich, wenn er die Erde nur von Weitem sieht, sofort in Schmutz auflöst; wenn es kalt ist, ist es nicht richtig kalt, sondern nasskalt, also nass ... Tritt man auf Eis, macht das Eis knack und bekommt rissige Sprünge, so eine Qualität ist das! Manchmal ist Glatteis, dann sitzt der liebe Gott, der gute, alte Mann, in den Wattewolken und freut sich, dass die Leute der Länge lang hinschlagen ... also, wenn sie denn werden kindisch ... kalt ist der Ostwind, kalt die Sonnenstrahlen, am kältesten die Zentralheizung – der Winter –?"

„Kurz und knapp, Herr Hauser! Hier sind unsere vier Jahreszeiten. Bitte: welche –?"

„Keine. Die fünfte."

„Es gibt keine fünfte."

„Es gibt eine fünfte. – Hör zu:

Wenn der Sommer vorbei ist und die Ernte in die Scheuern gebracht ist, wenn sich die Natur niederlegt, wie ein

ganz altes Pferd, das sich im Stall hinlegt, so müde ist es – wenn der späte Nachsommer im Verklingen ist und der frühe Herbst noch nicht angefangen hat –: Dann ist die fünfte Jahreszeit.
Nun ruht es. Die Natur hält den Atem an; an andern Tagen atmet sie unmerklich aus leise wogender Brust. Nun ist alles vorüber: Geboren ist, gereift ist, gewachsen ist, gelaicht ist, geerntet ist – nun ist es vorüber. Nun sind da noch die Blätter und die Gräser und die Sträucher, aber im Augenblick dient das zu gar nichts; wenn überhaupt in der Natur ein Zweck verborgen ist: Im Augenblick steht das Räderwerk still. Es ruht.
Mücken spielen im schwarz-goldenen Licht, im Licht sind wirklich schwarze Töne, tiefes Altgold liegt unter den Buchen, Pflaumenblau auf den Höhen ... kein Blatt bewegt sich, es ist ganz still. Blank sind die Farben, der See liegt wie gemalt, es ist ganz still. Boot, das flussab gleitet, Aufgespartes wird dahingegeben – es ruht. So vier, so acht Tage – Und dann geht etwas vor.
Eines Morgens riechst du den Herbst. Es ist noch nicht kalt; es ist nicht windig; es hat sich eigentlich gar nichts geändert – und doch alles. Noch ist alles wie gestern: die Blätter, die Bäume, die Sträucher ... aber nun ist alles anders. Das Licht ist hell, Spinnenfäden schwimmen durch die Luft, alles hat sich einen Ruck gegeben, dahin der Zauber, der Bann ist gebrochen – nun geht es in einen klaren Herbst. Wie viele hast du? Dies ist einer davon.
Spätsommer, Frühherbst und das, was zwischen ihnen beiden liegt. Eine ganz kurze Spanne Zeit im Jahre. Es ist die fünfte und schönste Jahreszeit."

Kurt Tucholsky

Erfüllung finden

Oft und viel lachen; die Achtung intelligenter Menschen und die Zuneigung von Kindern gewinnen; die Anerkennung aufrichtiger Kritiker verdienen und den Verrat falscher Freunde ertragen; Schönheit bewundern; in anderen das Beste finden; die Welt ein wenig besser verlassen, ob durch ein gesundes Kind, ein Stückchen Garten oder einen kleinen Beitrag zur Verbesserung der Gesellschaft. Wissen, dass wenigstens das Leben eines anderen Menschen leichter war, weil du gelebt hast. Das bedeutet, nicht umsonst gelebt zu haben.

Ralph Waldo Emerson

Sorgen ade!

Frischer Morgen!
Frisches Herz!
Himmelwärts!
Lass den Schlaf nun,
lass die Sorgen!

Joseph von Eichendorff

Des Lebens Sonnenschein
heißt singen und fröhlich sein.

Volksmund

Aber wir lassen es andere machen

Ein Chinese ('s sind schon an 200 Jahr)
In Frankreich auf einem Hofball war.
Und die einen frugen ihn: ob er das kenne?
Und die andern frugen ihn: wie man es nenne?
„Wir nennen es tanzen", sprach er mit Lachen,
„Aber wir lassen es andere machen."

Und dieses Wort seit langer Frist,
Mir immer in Erinnerung ist.
Ich seh' das Rennen, ich seh' das Jagen,
Und wenn mich die Menschen umdrängen und fragen:
„Was tust du nicht mit? Warum stehst du beiseit'?"
So sag ich: „Alles hat seine Zeit.
Auch die Jagd nach dem Glück. All derlei Sachen,
Ich lasse sie längst durch andere machen."

Theodor Fontane

Nur keine Hektik

Als der amerikanische Präsident Eisenhower in den Ruhestand ging, wurde er von einem Journalisten gefragt, wie er sich seinen Lebensabend vorstelle.
Daraufhin erwiderte Eisenhower: „Nur keine Hektik! Ich werde erst einmal einen Schaukelstuhl auf die Veranda stellen, darin werde ich sechs Monate lang ruhig sitzen. Und dann werde ich ganz langsam anfangen zu schaukeln."

Der Ruhestand muss etwas Herrliches sein.
Man kann ja schließlich nicht ewig
den Bauch einziehen.

Burt Reynolds

Sommerfrische

Zupf dir ein Wölkchen aus dem Wolkenweiß,
Das durch den sonnigen Himmel schreitet.
Und schmücke den Hut, der dich begleitet,
Mit einem grünen Reis.

Verstecke dich faul in der Fülle der Gräser.
Weil's wohltut, weil's frommt.
Und bist du ein Mundharmonikabläser
Und hast eine bei dir, dann spiel,
Was dir kommt.

Und lass deine Melodien lenken
Von dem freigegebenen Wolkengezupf.
Vergiss dich. Es soll dein Denken
Nicht weiter reichen als ein Grashüpferhupf.

Joachim Ringelnatz

Gönn dir eine Pause

Die beste Methode,
das Leben angenehm zu verbringen,
ist, guten Kaffee zu trinken.
Und wenn man keinen haben kann,
so soll man versuchen,
so heiter und gelassen zu sein,
als hätte man guten Kaffee getrunken.

Jonathan Swift

Das Geheimnis des rechten Altwerdens
liegt in einem Satz:
Die Zeit geht sanft nur mit denen um,
die mit der Zeit sanft umgehen.

Anatole France

Koste das kleine Glück

Glück

Glück ist gar nicht mal so selten,
Glück wird überall beschert,
vieles kann als Glück uns gelten,
was das Leben uns so lehrt.

Glück ist jeder neue Morgen,
Glück ist bunte Blumenpracht,
Glück sind Tage ohne Sorgen,
Glück ist, wenn man fröhlich lacht.

Glück ist Regen, wenn es heiß ist,
Glück ist Sonne nach dem Guss,
Glück ist, wenn ein Kind ein Eis isst,
Glück ist auch ein lieber Gruß.

Glück ist Wärme, wenn es kalt ist,
Glück ist weißer Meeresstrand,
Glück ist Ruhe, die im Wald ist,
Glück ist eines Freundes Hand.

Glück ist eine stille Stunde,
Glück ist auch ein gutes Buch,
Glück ist Spaß in froher Runde,
Glück ist freundlicher Besuch.

Glück ist niemals ortsgebunden,
Glück kennt keine Jahreszeit,
Glück hat immer der gefunden,
der sich seines Lebens freut.

Clemens Brentano

Immer der Nase nach

Dass man sich auch nach dreißig Ehejahren noch trefflich über Lappalien in die Haare bekommen kann, davon können mein Mann und ich ein Lied singen. An einem herrlichen Sommersamstag unternahmen wir eine Spritztour. Als Pfarrer war Georg stark eingespannt und an den wenigen freien Tagen, die er sich gönnte, wollte ich ihn für mich haben. Er war von meiner Idee allerdings erst einmal nicht begeistert.

„Wollen wir nicht lieber zu Hause bleiben?", fragte er. „Ich könnte den Rasen mähen und du kochst uns nachher etwas Schönes! Am liebsten wäre mir dein Kartoffelsalat!"

„Auf keinen Fall!", lehnte ich kategorisch ab. „Dann klingelt das Telefon und schon ist es aus mit unserer Ruhe! So ein netter Tag im Harz ist dagegen genau das Richtige für uns! Und ehe du protestierst – ich habe Kartoffelsalat gemacht, Würstchen nehmen wir auch mit und dann können wir unterwegs ein nettes Picknick machen!"

Mehr überredet als überzeugt setzte er sich kurz darauf hinters Steuer. Ehrensache, dass ich darauf bestanden hatte, dass er sein Mobiltelefon zu Hause ließ.

„Es gibt keinen erdenklichen Notfall, der dein sofortiges Eingreifen nötig macht!", erklärte ich ihm. „Dieser Tag gehört ganz uns beiden!"

Wir fuhren also los, erst über eine große Bundesstraße, später bogen wir auf kleine Landstraßen ab und irgend-

wann war rechts und links kaum mehr etwas anderes als Wald. An einem kleinen Rastplatz machten wir Halt.
„Es ist noch viel zu früh für ein Mittagessen!", moserte Georg, als ich den Picknickkorb auf den Tisch stellte. „Lass uns noch warten, ja?"
Fast schon automatisch griff er in die Hosentasche.
„Dein Telefon liegt zu Hause!", erinnerte ich ihn. „Warum unterhalten wir uns nicht einfach? So wie normale Leute das am Wochenende tun?"
Ratlos sah Georg mich an.
„Dann lass uns einen Spaziergang machen", schlug ich vor. „Wir vertreten uns die Beine, dann fahren wir weiter. Irgendwo hier in der Nähe sollte das Josephskreuz sein! Da waren wir doch früher immer!"
Früher, das war, als unsere Kinder noch klein waren, also irgendwann in den Achtzigern. Wir fuhren also nach der kurzen Pause weiter, immer hübsch durch den Wald.
„Müsste das nicht eigentlich auch ausgeschildert sein?", fragte Georg nach einer ganzen Weile. „So groß ist der Harz ja schließlich auch nicht, als dass man hier stundenlang herumfahren könnte, ohne auch nur einer Menschenseele zu begegnen!"
„Ich schau mal in der Karte nach!", versprach ich. Seinen leicht gereizten Unterton hatte ich durchaus vernommen. „Hast du den Proviantkorb in den Kofferraum gepackt?", fragte ich.
Georg warf mir einen ärgerlichen Blick zu. „Natürlich nicht! Du hast ihn doch hinter deinen Sitz gestellt!"
„Ja, als wir zu Hause losgefahren sind!", erklärte ich ihm. „Aber auf dem Rastplatz hatten wir ihn ja noch und nun steht hinter mir gar nichts mehr! Du hast ihn aber wieder mitgenommen, oder?"

„Ich?", fragte Georg eingeschnappt. „Nein, wieso sollte ich? Ich habe gedacht, du hast ihn wieder in den Wagen gestellt, bevor wir losgelaufen sind!"
„Hab ich aber nicht!", stellte ich fest und ahnte Böses. „Dann steht er wohl noch auf dem Rastplatz!"
„Kein Kartoffelsalat?" Georgs Enttäuschung war offensichtlich. „Das darf ja wohl nicht wahr sein! Der einzige Lichtblick dieses Ausflugs bestand doch in der Aussicht auf deinen köstlichen Kartoffelsalat! Nun steht er irgendwo rum und wir haben nichts davon!"
Das war zwar ausgesprochen ärgerlich, aber viel schlimmer war, dass mit dem Kartoffelsalat auch unsere Straßenkarten auf dem Rastplatz liegen geblieben waren.
„Na, das wird ja immer besser!", schimpfte mein sonst so geduldiger Pfarrer. Wenn es um seine Gemeinde ging, war er die Ruhe und Ausgeglichenheit in Person, doch die verlor er gerade.
„Du immer mit deinen blöden Ideen!", polterte er los. „Wären wir mal zu Hause geblieben! Dann wäre jetzt auch der Rasen gemäht! Und wir würden uns längst über deinen köstlichen Kartoffelsalat hermachen, statt hier sinnlos durch den Wald zu fahren und die Umwelt zu verschmutzen!"
„Am Josephskreuz gibt es sicher ein Ausflugslokal!", zischte ich. „Und dort auch ganz bestimmt Würstchen mit Kartoffelsalat! Jetzt fahr dort endlich hin!"
„Ich will aber nicht irgendwelchen anderen Kartoffelsalat, sondern deinen!", brummte Georg unversöhnlich. „Und ohne Karte können wir noch eine Weile weiter durch den Wald fahren, ohne jemals ans Ziel zu kommen! Da ich ja auch mein Handy zu Hause lassen musste, können wir nicht mal den Routenplaner befragen!"

„Dann fragen wir eben jemanden nach dem Weg!“, warf ich, inzwischen ähnlich gereizt, ein. Meine Laune war dahin, Georgs ebenfalls, so hatte ich mir unseren Tag nicht vorgestellt.

„Hier ist aber niemand, den ich fragen kann!“, schimpfte Georg weiter. „Nichts außer Bäume! Man könnte glauben, wir hätten uns irgendwo in der Pampa verfahren. Verflixt noch mal, hier gibt's aber auch kein einziges Hinweisschild. Und die Bäume hier sehen genauso aus wie die, an denen wir vor einer Stunde vorbei gefahren sind!“

„Dort vorn ist ein Rastplatz, fahr dort mal ran. Vielleicht ist ja dort jemand, den wir fragen können!“

Georg schüttelte ärgerlich den Kopf. „Da steht kein einziges Auto!“, stellte er fest, bog jedoch trotzdem ab. „Aber vielleicht macht ja ein Fahrradausflügler Halt!“ Das klang nun schon ausgesprochen zynisch, Georg stand kurz vor der Explosion.

„Schau mal!“, sagte er plötzlich und zeigte auf den Unterstand mit den Bänken und dem kleinen Holztisch. „Das sieht ja fast so aus wie unser Proviantkorb!“

Ungläubig stieg ich aus und besah mir das gute Stück.

„Das ist unser Proviantkorb!“, stellte ich überrascht fest.

„Ist der Kartoffelsalat noch drin?“, fragte Georg sofort. Dieser Mann hatte wirklich nur meinen Kartoffelsalat im Sinn, es war unglaublich.

„Ja!“, beruhigte ich ihn. „Und Korb und Kühlbox sind unversehrt. Selbst die Würstchen sind noch heiß! Zufrieden?“

Georg nahm sich einen Teller und sah mich lauernd an. „Ja, jetzt schon! Da hat sich die ganze Im-Kreis-Fahrerei ja wenigstens gelohnt!“, stellte er amüsiert fest und biss herzhaft in ein Würstchen. „Also, dein Kartoffelsalat, Grete, der ist wirklich Weltklasse! Dafür gurke ich sogar den halben Tag durch den Harz, wenn es sein muss!"

Was für ein Kompliment! Ich konnte mir ein Schmunzeln nicht verkneifen. Mein Georg war wirklich eine Klasse für sich. Und dank der Straßenkarten fanden wir den Heimweg auch auf Anhieb. Dass unser Sohn sich inzwischen um den Rasen gekümmert hatte, diese Überraschung hob ich mir allerdings für später auf.

Ein Stück vom Glück

Fortuna lächelt, doch sie mag
nur ungern voll beglücken.
Schenkt sie uns einen Sommertag,
so schenkt sie uns auch Mücken.

Wilhelm Busch

So muss man leben!
Immer die kleinen Freuden aufpicken,
bis das große Glück kommt.
Und wenn es nicht kommt,
dann hat man wenigstens
die kleinen Glücke gehabt.

Theodor Fontane

Glücklich sein

Ein Mann wurde einmal gefragt, warum er trotz seiner vielen Beschäftigungen immer so glücklich sein könne. Er sagte:

„Wenn ich stehe, dann stehe ich,
wenn ich gehe, dann gehe ich,
wenn ich sitze, dann sitze ich,
wenn ich esse, dann esse ich,
wenn ich liebe, dann liebe ich …"

Dann fielen ihm die Fragesteller ins Wort und sagten: „Das tun wir auch, aber was machst du darüber hinaus?" Er sagte wiederum:

„Wenn ich stehe, dann stehe ich,
wenn ich gehe, dann gehe ich,
wenn ich …"

Wieder sagten die Leute:
„Aber das tun wir doch auch!"
Er aber sagte zu ihnen:

„Nein –
wenn ihr sitzt, dann steht ihr schon,
wenn ihr steht, dann lauft ihr schon,
wenn ihr lauft, dann seid ihr schon am Ziel."

Traditionelle Erzählung

Glückseligkeit

Ich danke meinem Gott,
dass er mir das Glück gegönnt hat,
ihn als Schlüssel zu unserer wahren
Glückseligkeit kennenzulernen.
Ich lege mich nie zu Bett, ohne zu bedenken,
dass ich vielleicht den andern Tag
nicht mehr sein werde;
und es wird doch kein Mensch sagen können,
dass ich im Umgange mürrisch und traurig wäre.

Für die Glückseligkeit danke ich
alle Tage meinem Schöpfer.

Wolfgang Amadeus Mozart

Was das Leben dir bietet

Die besten Dinge im Leben sind die nahesten:

der Atem zwischen deinen Nasenflügeln,
das Licht in deinen Augen,
die Blumen zu deinen Füßen,
die Pflichten in deinen Händen,
der richtige Weg direkt vor dir.

Hasche folglich nicht nach den Sternen; vollbringe vielmehr die schlichte, einfache Aufgabe des Lebens, wie sie sich dir stellt. Handle mit der Gewissheit, dass die täglichen Pflichten und das tägliche Brot das Köstlichste sind, was das Leben zu bieten hat.

Robert Louis Stevenson

Ein überraschendes Wiedersehen

Mein Mann war lange Jahre Pfarrer und nach seiner Pensionierung durften wir in dem alten Pfarrhaus wohnen bleiben. Doch nun wurde es mir auch langsam zu groß, den siebzigsten Geburtstag hatten mein Mann und ich schon hinter uns, da wurde jeder Quadratmeter zu viel eine Last, vor allem, wenn es ums Putzen ging. Doch mich wirklich von dem Haus trennen konnte ich auch nicht, jede Ecke bedeutete schließlich eine Erinnerung! Vier Kinder hatte ich in dem Haus großgezogen, und es war nicht immer einfach gewesen. Andererseits, es war nur ein Haus, wie unser Großer gern betonte.

„Weißt du, Mama, die Schreiberstraße ist saniert worden. Da hast du doch als Kind mit deinen Eltern gewohnt!"

Damit konnte mein Sohn zumindest mich dazu bringen, dass wir uns tatsächlich einmal eine andere Wohnung ansahen. Er hatte praktischerweise gleich einen Besichtigungstermin vereinbart. Natürlich gefiel uns die Wohnung, sie war wunderbar! Drei Zimmer, nicht zu groß, nicht zu klein, mit allem modernen Komfort. Mein Joseph zögerte nicht lange und sagte spontan zu.

„Komm schon, Klara, so eine Chance bekommen wir so schnell nicht wieder. Zumal der Mietpreis auch noch recht günstig ist!"

Ich widersprach meinem Mann nicht, er hatte ja recht. Und auch wenn der Abschied schmerzte, auch in der

neuen Wohnung fand ich schnell etwas, das ich mit alten Erinnerungen verknüpfen konnte: die alte Eiche im Hof. „Da haben meine Freundin Maria und ich im Sommer immer auf einer Decke gesessen und Picknick veranstaltet. So viel gab es ja damals nicht, es war ja kurz nach dem Krieg, aber wir haben es uns schön gemacht, die Zeit genossen!“, schwärmte ich meinem Joseph und natürlich den Kindern vor. Ich liebte es, am Fenster zu sitzen und auf den alten Baum zu schauen. Es war so bemerkenswert, dass er mir kaum gealtert erschien, während das Leben bei mir nicht nur im Gesicht deutliche Spuren hinterlassen hatte.
„Weißt du denn, was aus Maria geworden ist?“, fragte meine jüngste Tochter irgendwann. „Schließlich standen die meisten dieser Häuser hier fast fünfzehn Jahre leer, bis sich jemand erbarmt und sie saniert hat!“
Ich schüttelte den Kopf. „Ich weiß es nicht. Sie ist irgendwann weggezogen, wie so viele. Ich glaube, das war noch lange, bevor ich aus der Schule kam. Ich habe nie wieder von ihr gehört.“
Damit war das Thema für mich vom Tisch und ich war auch gar nicht böse darum. Ich tat das, was ich eigentlich mein ganzes Leben lang getan hatte, ich schaute nach vorn. Zunächst erst einmal auf unsere bevorstehende goldene Hochzeit. Die ganze Gemeinde machte schon ein großes Geheimnis daraus und als ehemaliger Pfarrer rechnete mein Mann mit weit über hundert Gästen! Ich durfte gar nicht daran denken! Am Ende waren es fast dreihundert und die Feier fand im Gemeindesaal statt. In einem Privathaus wäre es ja auch kaum möglich gewesen. Alle hatten zusammengelegt, um uns dieses riesige Fest zu schenken, Joseph und ich waren sehr gerührt. Als

dann jedoch unsere Kinder mit einem eigenen Geschenk um die Ecke kamen, an dem sich sogar die Enkel beteiligt hatten, gab es für mich kein Halten mehr.
„Eine Kreuzfahrt? Ihr seid ja verrückt!", schluchzte ich und fiel meiner jüngsten Tochter um den Hals. Auch Joseph rang sichtlich mit sich.
„Also, dass ihr das wirklich gemacht habt!", staunte er. „Eine Kreuzfahrt auf so einem ganz großen Schiff durch die Karibik, das hatte ich eurer Mutter immer versprochen. Schon damals, als wir geheiratet haben. Doch dazu ist es leider nie gekommen!"
„Ich weiß, Papa!", sagte unser Sohn und legte den Arm um Josephs Schulter. „Deshalb haben wir euch diese Reise ja auch geschenkt. Damit ihr sie endlich machen könnt, jetzt, wo es euch noch gut geht! Man soll nicht immer nur träumen, sondern das Leben anpacken! Das hast du uns doch immer gepredigt, nicht wahr?"
Joseph nickte, wie sehr er sich freute, war offensichtlich.

Einen guten Monat später traten wir die Reise an. Allein die Fahrt nach Hamburg in den Hafen war aufregend! Und erst dieses Schiff! Wir schwelgten sozusagen im Luxus und genossen jede Sekunde. Natürlich nahmen wir auch an jedem sich bietenden Landausflug teil. Wir gingen auf Aruba und auf den Bahamas von Bord, besuchten Plantagen und genossen die schönsten Sonnenuntergänge, die man sich vorstellen konnte. Zu Ende war unsere Kreuzfahrt auf Jamaika, wo unsere Kinder als krönenden Abschluss für uns noch eine Woche ein wundervolles Hotel gebucht hatten. Meinen Mann Joseph zog es noch am gleichen Abend in die kleinen Bars und Strandrestaurants. Nach dem opulenten Essen an Bord

wollte er nun endlich die landestypische Küche entdecken. Ich stand der ganzen Sache noch etwas skeptisch gegenüber. Doch Joseph war viel zu unternehmungslustig, um sich von mir bremsen zu lassen.
„Ich habe vorhin gehört, dass die Inhaber hier deutsche Wurzeln haben!“, erklärte er mir, während er einen Platz in einem kleinen Restaurant für uns suchte. „Die kochen wohl nach ganz alten Rezepten!“
Das stimmte, wie wir schnell feststellten, denn die Karte bestand tatsächlich aus deutschen Gerichten. Und zwar ausschließlich.
„Na ja, einen Krautwickel könnte ich ja mal probieren!“, arrangierte sich mein Mann schnell. „Dann eben jamaikanisches Kraut, warum auch nicht!“
Schnell kam Joseph auch mit der Besitzerin ins Gespräch und wir staunten nicht schlecht.
„Meine Mutter ist Deutsche!“, berichtete sie uns voller Stolz. „Sie ist Anfang der Siebziger hier hängen geblieben, hat einen Jamaikaner geheiratet und mich bekommen. Seitdem leben wir hier, glücklich und zufrieden!“
Nach ein paar weiteren Fragen war klar, sie stammte aus der gleichen Stadt wie wir, was schon ein Wunder war, denn Schkopau ist wirklich nicht weltberühmt.
„Das ist ja interessant – warum kommen Sie nicht zum Abendessen zu uns? Mama wird sich ganz bestimmt freuen, Besuch aus der alten Heimat zu bekommen! Sie schwärmt noch heute von ihrer schönen Kindheit und den zauberhaften Stunden mit ihrer Freundin unter dem Eichenbaum im Hof!“
Ich dachte, ich höre nicht richtig! Und ja, am Abend war die Überraschung dann komplett! Es war tatsächlich Marias Tochter, der das Restaurant gehörte! Die Freude war

auf beiden Seiten riesengroß. Wir plauderten bis spät in die Nacht und tauschten Erinnerungen aus. Natürlich nahmen wir uns fest vor, den Kontakt zu halten, und bis jetzt, ein halbes Jahr nach unserer großen Reise, ist uns das sogar gelungen.

Heike Wendler

Das Leben – ein Glück

Es sei verkehrt, sich vor etwas zu graulen, was doch kommen musste. Man sollte das Jetzt genießen, einen sonnigen Morgen wie diesen, dann sei das Leben nur Glück, fand Melcher. Im Schlafanzug schnurstracks in den Garten hinauszugehen, Gras unter den Füßen zu spüren, am Steg schnell einmal unterzutauchen und sich hinterher an seinen eigenhändig gestrichenen Gartentisch zu setzen, sein Buch oder seine Zeitung zu lesen und seinen Kaffee zu trinken, während die Kinder um einen herumsummen, mehr begehrte er nicht vom Leben.

Astrid Lindgren

Tägliche Wunder

Mögest du die kleinen Wegweiser
des Tages nie übersehen;
den Tau auf den Grasspitzen,
den Sonnenschein auf deiner Tür,
die Regentropfen im Blumenbeet,
das behagliche Buckeln der Katze,
das Wiederkäuen der Kuh,
das Lachen aus Kinderkehlen,
die schwielige Hand des Nachbarn,
der dir einen Gruß über die Hecke schickt.
Möge dein Tag durch viele kleine Dinge groß werden.

Irischer Segenswunsch

Der Koffer

Gestern habe ich mich endlich schweren Herzens von ihm getrennt, von dem alten Koffer. Schön war er in seiner Jugend, solide und stabil, aus kräftiger brauner Vulkanfiber, und ein glänzendes Messingband um seinen Bauch gab ihm zusätzlichen Halt. Der Griff bestand aus dickem Leder und die acht Ecken waren mit braunen Kappen und Messingnägeln verstärkt. Er sah aus wie der fliegende Koffer im Märchen, mit dem der junge Kaufmann auf dem marmornen Dach des prächtigen Sultanspalastes landete. Jetzt war er zwar alt, abgeschabt und etwas verbeult, aber immer noch heil und gut zu gebrauchen. Vor ein paar Jahren habe ich ihn einmal auf einer Flugreise mitgenommen, und die jungen Leute an der Gepäckkontrolle fanden ihn so attraktiv nostalgisch, dass sie ihn mir abkaufen wollten. Leider konnte ich nicht auf den Handel eingehen, weil ich ja erst am Beginn meiner Reise stand.
Als der Koffer gekauft wurde, gab es in Deutschland noch einen Kaiser. Die Familie nahm ihn, den Koffer, natürlich nicht den Kaiser, mit in die Sommerfrische. Er wurde vollgepackt mit den Sachen der Kinder, das waren Matrosen-Anzüge mit großen weißen Kragen, Kleider mit Spitzensaum und breiter Schärpe, seidene Haarschleifen, Waschkleider aus Kattun und kurze Bleyle-Hosen, lange weiße Nachthemden mit Festonspitze, Leinenwäsche, hohe Schnürschuhe und schwarze Lackschühchen.

Später diente der Koffer dem Vater auf seinen Geschäftsreisen, fuhr mit dem Zug und der Straßenbahn und übernachtete in bescheidenen Vorstadthotels. Im Krieg dann stand der Koffer immer mit dem Nötigsten vollgepackt bereit zum raschen Aufbruch in den Luftschutzkeller. Er überlebte Fliegeralarm, Feuersbrünste und Bombenangriffe, ging mit in die Evakuierung aus der Großstadt aufs Land, diente als Schrank in der kleinen Behelfswohnung.
Nach dem Krieg wurde er wieder in die Ferien mitgenommen, durfte in einem VW-Käfer ins Gebirge fahren oder ans Meer, von wo er dann jedes Mal voll mit Muscheln, getrockneten Seesternen und sandigen Kleidern zurückkehrte.
Allmählich fand die Familie den Koffer altmodisch und ließ ihn zu Hause. Er kam auf den Dachboden, wo er, gefüllt mit alten Briefen, Papieren und allerlei Krimskrams, vor sich hindämmerte und verstaubte. Schließlich hatte man ihn fast vergessen. Bis ich ihn eines Tages entdeckte, hervorholte, sauber machte und auf die besagte Flugreise mitnahm. Er gefiel mir so gut und war allen Strapazen gewachsen. Doch die Familie befand, er sei doch unmöglich und man müsse sich mit dem alten Ding schämen. Also stand er herum und versperrte den Weg, und ich überlegte, was ich mit dem treuen Begleiter machen sollte.
Ich brachte es nicht übers Herz, ihn zum Sperrmüll zu stellen. Schließlich fand ich eine Lösung, und gestern habe ich den Koffer dem Theater geschenkt. Dort kommt er in die Requisitenkammer und hoffentlich bald in einem passenden Stück zu neuen Ehren.
Ich wünsche ihm einen angenehmen und interessanten Lebensabend.

Annette Bachofer

Die Zügezähler

In den ersten Nachkriegsjahren konnten sich nur die wenigsten Eltern eine Urlaubsreise mit der ganzen Familie leisten. Deshalb war ich froh, dass ich mit Freund Hans zum zweiten Mal die großen Ferien bei meinen Großeltern verbringen durfte. Die Anreise absolvierten wir mit unseren Fahrrädern, gut gelaunt trotz Gegenwind.
Bei der Begrüßung setzte uns meine Großmutter ihren großartigen Mohn-Streusel-Kuchen vor, während der Großvater uns in seiner Schneiderwerkstatt auf einer riesigen Tischplatte thronend im Schneidersitz empfing. Ich hatte ihn in mein kindliches Herz geschlossen, weil er an Regentagen so wunderbare Geschichten erzählen konnte. Für jeden meiner Streiche hatte er Verständnis – im Gegensatz zu Oma.
Hauptziel unserer Ferientage war der nahe Bahndamm der Fernstrecke Bremen-Ruhrgebiet. Ganz in seiner Nähe gab es ein Waldstück mit Blau- und Preiselbeeren. Direkt an der Bahnlinie fanden wir Sauerampfer, Johannisbrot und Hirtentäschelkraut zum Knabbern. Uns faszinierten die Personen- und Güterzüge, die scheinbar pausenlos auf dieser viel befahrenen Strecke an uns vorbeirasten. Weil die Bahn damals noch pünktlich war, wussten wir bald, welche Eil- und Schnellzüge zu welcher Uhrzeit unseren Beobachtungsposten passieren würden.
Anfangs notierten wir die Zahl der Züge und hielten die

Anzahl der Waggons fest. Doch dann kam der eigentliche Clou: Wir schlossen Wetten ab, ob in der nächsten Stunde mehr Güterzüge ins Ruhrgebiet oder nach Bremen fahren würden. Da wir nur ein geringes Taschengeld hatten, ging es bei unseren Wetten nur um die Ehre.
Ab und zu übersahen wir einen Zug, weil wir darüber sprachen, wie wir auf den in der Sonne schimmernden Gleisen weite Reisen in unbekannte Gegenden und Länder machen könnten. Jedes Mal, wenn ein Zug am Horizont unseren Blicken entschwand, war uns klar, dass es nach den Ferien wieder in unser kleines Heidedorf zurückgehen würde. Doch nachts träumten wir beide oft von aufregenden Reise-Abenteuern, die wir uns beim Frühstück erzählten.
Dann kam der Sonntag, an dem meine Patentante mich zu einer Schiffsfahrt zum Roten-Sand-Leuchtturm einlud – ohne Hans. Doch der war gar nicht böse, denn er wollte einmal die von der hiesigen Dorfjugend angepriesene Kiesgrube kennenlernen.
Als ich abends zurückkehrte, empfing mich Hans fröhlich mit einem leichten Sonnenbrand. Doch als er am Montag auf den Bahndamm verzichtete und wieder zur Kiesgrube fuhr, gingen meine Vermutungen in eine bestimmte Richtung. Leider hatte ich recht.
Zur Mittagszeit kam Hans zu mir geradelt. Auf der Stange seines Fahrrades saß Gerlinde, ein junges Mädchen, das sich ihr Hinterteil rieb und gespielt vorwurfsvoll stöhnte: „Ich fahre doch lieber mit meinem Rad. Dessen Sattel ist nicht so hart wie deine Fahrradstange."
Da lachte ich: „Dann musst du dich aber nicht mehr an Hans festhalten."
Die beiden blieben nicht lange. Aber es reichte, um zu

ahnen, dass sich mein Freund während der restlichen Ferien innerlich auf anderen Gleisen bewegen würde als auf Eisenbahnschienen.
Abends schwärmte er mir von Gerlinde vor und morgens erzählte er nichts mehr von Reiseträumen.
Auf der Heimfahrt ins Heidedorf fuhr er so, als ob er ständig Rückenwind habe. Bei einer Pause verriet er mir seine Zukunftspläne mit Gerlinde – unter dem Siegel der Verschwiegenheit.
Inzwischen sind wir alt und haben beide Enkelkinder. Ich habe im Laufe meines Lebens etliche „Sandkistenehen" kennengelernt. Aber bei Hans und Gerlinde war es sozusagen der Sprung vom Bahndamm in die Kiesgrube.
Wir sind gute Freunde geblieben, auch wenn wir ganz verschiedene Hobbys haben. Hans fährt seine Gerlinde zu Hunde-Wettbewerben, bei denen sie als Preisrichterin agiert.
Und ich angle in unserem See – natürlich ganz dicht neben einer Bahnlinie. Die Fische beißen gut, denn die Strecke ist stillgelegt. Demnächst wollen sie die Gleise entfernen und einen Radweg bauen. Etwas zu spät.

Peter Tamme

Lebe lieber heiter

Engel gefällig?

Haben Sie je schon mal einen Engel
gesehen, noch nie?
Im Schaufenster bei Adam & Cie
steht einer.

„Ich bin der Engel Fritz Habermann, sagt
er immer.
Ich lache alle Leute an,
treten Sie näher, treten Sie ran,
an mir ist noch ne Menge dran.
Ich habe zwei Flügel, wie Sie sehn,
damit kann man fliegen, wenn die Füße
nicht mehr gehn,
doch wenn die Flügel eines Tages auch
nicht mehr gehn,
kann man immer noch in so einem
Schaufenster stehn.
Leihweise.
Pst. Leise!
Da kommt der Juniorchef. Der Dicke da.
Der sagt immer, ich sähe aus wie Tommy Gottschalk.

Meinen Sie, der glaubt an Gott?
Nicht die Spur.
Weihnachtssaison!

Der Einzelhandel soll übrigens nicht zufrieden sein.
Nach Neujahr muss ich wieder hier raus,
ohne Geld, ohne Applaus
schlagen sie mich in die Flucht,
war nett von dir, du warst ne Wucht,
bis nächstes Jahr.
Alle Jahre wieder.
Engel sind ja so rar.

Und dann steh ich da, direkt auf der Straße, ohne alles,
und warte auf den Sommer.
Im Sommer ist Kirmes.
Da stehe ich als Säule
bei den Elektro-Selbstfahrern, neben einer Hammelkeule,
die von einem Germanen gefressen wird,
Im Herbst friere ich und freue mich auf Weihnachten.
Dann werden meine Flügel neu gestrichen.
Und Adam junior sagt, wie Tommy Gottschalk.

Alle Jahre wieder.
Man gewöhnt sich dran.
Auch an mein falsches Haar,
und ich habe nur vier Finger.
Aber Engel sind ja so rar."

Hanns Dieter Hüsch

Grund zu lachen

Humor ist kein Hindernis für Heiligkeit.
Wenn du sonst nichts zum Lachen finden kannst,
so hast du doch immer noch dich selbst.
Dem Nächsten mit Lachen die Wahrheit sagen,
ist allemal besser, als ihn mit der Wahrheit erschlagen.
Humor hat viel mit Liebe und Güte zu tun.
Wer die Freudenbotschaft ernst nimmt,
hat Grund zu lachen.

Bischof Kelly

Seligpreisungen

Selig die, die über sich selbst lachen;
sie werden immer genug Unterhaltung finden.

Selig die, die einen Berg von einem
Maulwurfhügel unterscheiden;
sie werden sich viel Ärger ersparen.

Selig, die schweigen und zuhören;
sie werden dabei viel Neues erfahren.

Selig die, die kleine Dinge ernst
und ernste Dinge gelassen nehmen;
sie werden sehr weit kommen.

Selig die, die Gott erkennen und lieben;
sie werden Güte und Freude ausstrahlen.

Die kleinen Schwestern des Charles de Foucauld

Mit Humor geht alles leichter

Ein alter Kardinal aus Amerika wurde von Leo XIII. zu einer Audienz empfangen. Leo war ebenfalls schon alt: 92 Jahre. Er nahm sein Alter aber gelassen und spottete über jegliche diesbezügliche Andeutung.
Der Kardinal klagte zum Abschied: „Ach, Heiliger Vater, wir werden uns wohl erst im Himmel wiedersehen."
Der Papst fragte verwundert: „Wieso, haben Sie eine schwere Krankheit?"

Als Johannes XXIII. den Kardinälen mit 77 Jahren das Konzil ankündigte, rief aus den Reihen ein 80-Jähriger freudestrahlend: „Eure Heiligkeit, ich helfe Ihnen!"
Darauf erwiderte der Papst: „Es wird viel Arbeit sein, überlasst es uns Jungen!"

Ein Oldtimer

Neueinwanderer können im Allgemeinen tun, was sie wollen. Im ersten Jahr ihrer Ansässigkeit brauchen sie nicht einmal Einkommensteuer zu zahlen. Manche unternehmungslustige israelische Bürger machen einen ganz anständigen Lebensunterhalt daraus, dass sie in bestimmten Zeitabständen das Land verlassen und als Neueinwanderer wiederkommen. Ungeachtet dieser Bevorzugung gilt ein Neueinwanderer, der sich über nichts beklagt, entweder als Idiot oder als Großkapitalist. (Das gesamte Großkapital ist hierzulande in jüdischen Händen zusammengezogen, ein Umstand, der allseits heftigen Unwillen erregt.) Auch die Lage der mittellosen Neueinwanderer, die sich seltsamerweise in der Überzahl befinden, ist keineswegs hoffnungslos. Es gibt Leute, die vor zwanzig Jahren mit einem einzigen Koffer ins Land gekommen sind, und heute besitzen sie diesen Koffer noch immer.

Sie sind die sogenannten „Oldtimer“, die um ihrer Ideale willen Unsägliches gelitten haben, als sie jung waren. Sie haben sich bis auf den heutigen Tag eine gesunde Feindseligkeit gegen all jene bewahrt, die erst später gekommen sind und die – nach Meinung der Oldtimer – das reine Luxusleben führen.

Zorn und Abscheu spiegelten sich in den Gesichtszügen jenes älteren Herrn, der mich eines Tages vor dem Eingang zum Kino anhielt: „Wohin so eilig, Jossele?“

Ich gestand ihm, dass ich mir eine Eintrittskarte ins Kino gekauft hätte.

„Eintrittskarte ins Kino?", wiederholte er mit schneidender Verachtung. „In deinem Alter war ich froh, wenn ich mir eine Gurke zum Nachtmahl kaufen konnte. Aber Kinokarten? Vor dreißig Jahren hat kein Mensch daran gedacht, ins Kino zu gehen. Damals sind hier noch die Tragkamele vorbeigezogen, und von den Boulevards konnte man aufs offene Meer hinaussehen."

„Interessant", sagte ich. „Aber jetzt muss ich nach Hause."

„Nach Hause?" Er nickte bitter. „Wir hatten kein Zuhause. Wir pflegten ein paar Schachteln und Konservenbüchsen übereinanderzuschichten, verklebten das Ganze mit Packpapier – und das war unser Zuhause. Hast du Möbel?"

„Nicht der Rede wert." Ich wurde vorsichtig. „Meistens sitzen wir auf Ziegelsteinen."

„Ziegelsteine?! Von Ziegelsteinen wagten wir nicht einmal zu träumen! Wo hätten wir das Geld für Ziegelsteine hernehmen sollen?"

„Ich weiß nicht", gestand ich kleinlaut. „Um die Wahrheit zu sagen: Ich habe die Ziegelsteine nicht gekauft, sondern von einem unbewachten Bauplatz gestohlen."

„Gestohlen!" Die Stimme des alten Herrn bebte vor Zorn. „Ich habe achtzehn Jahre lang hier gelebt, ehe ich es wagte, meinen ersten Ziegelstein zu stehlen! Wir hatten damals nicht einmal Sand, um darauf zu liegen. – Trinkst du Wasser?"

„Sehr selten. Vielleicht einmal in der Woche."

„Einmal in der Woche?" Er packte mich an den Schultern und schüttelte mich, als ob er mich mixen wollte. „Bist du dir klar darüber, Bürschchen, dass man seinerzeit in Jerusalem für Wasser bares Geld zahlen musste? Die Zunge klebte uns am Gaumen, aber wir konnten unseren Durst nicht löschen. Wir hatten nicht einmal einen lumpigen Piaster, Jossele, um uns ein Glas Wasser zu kaufen!"

„Ich heiße nicht Jossele", warf ich ein. „Und überhaupt, ich kenne Sie nicht, mein Herr."

„Du kennst mich nicht?", brüllte mein Gesprächspartner. „Wenn wir in deinem Alter die Frechheit gehabt hätten, jemanden nicht zu kennen, hätte man uns windelweich geprügelt! Aber ihr jungen Grünschnäbel von heute könnt euch natürlich alles erlauben ..."

Damit ließ er mich stehen und ging zornig seines Weges. Ich war niedergeschmettert. Der Boden schwankte unter meinen Füßen. Ich musste mich hinlegen. Ein Taxi überfuhr mich. Früher einmal mussten die Pioniere achtzehn bis zwanzig Jahre warten, bevor sie zum ersten Mal von einem Taxi überfahren wurden. Die Zeiten haben sich geändert.

Ephraim Kishon

Contenti estote

Tieck, jung noch, kam zum alten Reil.
„Herr Geheimrat, ich leide schon eine Weil',
Eigentlich hab' ich immer gelitten –
Ich möchte mir Ihren Rat erbitten."

„Nun, lassen Sie hören, lieber Tieck,
Vielleicht Migräne, vielleicht Kolik?
Sie schütteln den Kopf. Vielleicht was am Herzen
Oder an der Leber? Haben Sie Schmerzen?"

„Nicht eigentlich das. Wohl mal, dass es sticht,
Aber wirkliche Schmerzen hab' ich nicht."

„Sehr erfreulich. Und wenn ich's damit nicht traf,
Wie steht's mit der Hauptsach'? Wie steht's mit dem Schlaf?"

„In dem Punkt zähl' ich mich zu den Gesunden,
Ich schlafe doch mindestens meine neun Stunden."

„Vortrefflich. So bleibt uns als letztes Gebiet
Nur noch die Verdauung; wie ist der Apptit?“

„Auch damit geht es; ich kann nicht klagen,
Ja, ich glaube, mein Bestes ist der Magen;
Oft wenn ich erschöpft bin – mit Freunden bei Tische,
Gleich hab' ich wieder die volle Frische.“

Da lachte boshaft der alte Reil.
„Lieber Tieck, mit Ihnen hat es nicht Eil',
Appetit und Schlaf und keine Schmerzen,
Da danken andere Gott im Herzen,
Ihre Krankheit ist nichts als ein krankhaft Verlangen,
Es ist Ihnen immer zu gut gegangen,
Ein bisschen mehr Sorge bei schmalerem Brote,
Das fehlt Ihnen, Freund. Contenti estote.“

Theodor Fontane

Nimm's mit Humor

Humor, Zärtlichkeit
und ein kritischer Geist
sind die besten Mittel
gegen das Altern.

Yves Montand

Bemüh dich nur
und sei hübsch froh,
der Ärger kommt
schon sowieso.

Wilhelm Busch

Weltlauf

Ein Mensch, erst zwanzig Jahre alt,
beurteilt Greise ziemlich kalt
und hält sie für verkalkte Deppen,
die zwecklos sich durchs Dasein schleppen.
Der Mensch, der junge, wird nicht jünger:
Nun, was wuchs denn auf *seinem* Dünger?
Auch er sieht, dass trotz Sturm und Drang,
was er erstrebt, zumeist misslang,
dass, auf der Welt als Mensch und Christ
zu leben, nicht ganz einfach ist,
hingegen leicht, an Herrn mit Titeln
und Würden schnöd herumzukritteln.
Der Mensch, nunmehr bedeutend älter,
beurteilt jetzt die Jugend kälter,
vergessend frühres Sich-Erdreisten:
„Die Rotzer sollen erst was leisten!"
Die neue Jugend wiedrum hält ...
Genug – das ist der Lauf der Welt!

Eugen Roth

Quellenverzeichnis

S. 2: Dom Helder Camara, Jetzt, da das Alter kommt, aus: ders., Selig, die träumen © 1982 Pendo Verlag in der Piper Verlag GmbH, München und Zürich
S. 10: Heinz Rühmann, in: Karl-Heinz Fleckenstein, Am Fenster der Welt © Verlag Neue Stadt, München 2. Aufl. 1975, S. 18
S. 12: Ingrid Huber, Eigentlich ..., aus: dies., Eigentlich bin ich nur außen alt, Kurzgeschichten für Senioren © Verlag Herder GmbH, Freiburg i. Br. 2011
S. 20–29: Francis MacManus, Sie sollten tanzen, tanzen sollten sie! © Elisabeth Schnack Erben, Bad Dürkheim
S. 37–40: Rudolf Otto Wiemer, Der Duft der großen weiten Welt, aus: ders., Lob der kleinen Schritte, Friedrich Reinhardt Verlag, Basel 1981 © Rudolf Otto Wiemer Erben, Hildesheim
S. 62–66: Heike Wendler, Immer der Nase nach, aus: dies., SeelenPflaster © St. Benno-Verlag 2014
S. 71–75: Heike Wendler, Ein überraschendes Wiedersehen, aus: dies., SeelenPflaster © St. Benno-Verlag 2014
S. 76: Astrid Lindgren, Das Leben – ein Glück, aus: dies., Ferien auf Saltkrokan © Verlag Friedrich Oetinger, Hamburg 2012
S. 78–79: Annette Bachofer, Der Koffer © bei der Autorin
S. 80–82: Peter Tamme, Die Zügezähler © beim Autor
S. 84–85: Hanns Dieter Hüsch, Engel gefällig, aus: ders./Marc Chagall, Das kleine Weihnachtsbuch, Seite 26f, 2012/15 © tvd-Verlag Düsseldorf, 1997
S. 89–91: Ephraim Kishon: Ein Oldtimer, aus: ders., Dreh'n Sie sich um, Frau Lot © 1961 by LangenMüller in der F.A. Herbig Verlagsbuchhandlung GmbH, München
S. 95: Eugen Roth, Weltlauf © Dr. Thomas Roth

Wir danken allen Inhabern von Textrechten für die Abdruckerlaubnis. Der Verlag hat sich bemüht, alle Rechteinhaber in Erfahrung zu bringen. Für zusätzliche Hinweise sind wir dankbar.